AF358916

LETTRE

SUR LA

BIERE.

A VALENCIENNES,

Chez Gabriel Henry, Imprimeur
du Roy 1734.

AVEC APPROBATION ET
Permission de Sa Majesté.

LETTRE

SUR LA

BIERE.

E ne sçay, Monsieur, si je vous pourray donner sur la Biere tout l'éclaircissement que vous souhaittez, je vous avoue ingenûment, que je n'en suis point capable, cette matiere est d'une trop grande étenduë, pour que je puisse vous satisfaire, il y autant de Bieres differentes, qu'il y a de grains & de pays differens.

J'entens de ces pays où la Biere

eſt leur boiſſon ordinaire; l'on en fait de bled, d'orge, d'avoine, de ſeigle, de millet, de lupin, de ris pris & preparés ſéparement; & aſſez ſouvent l'on mêle pluſieurs ſortes de ces grains enſemble, en y adjoûtant quelques autres ingrediens.

Les Voyageurs racontent que les Tartares font avec le ris, le ſucre & quelques aromats une Biere plus agréable que le Vin: Mais comme nous n'en avons icy aucun uſage, non plus que de beaucoup d'autres Bieres, je n'en puis rien dire, la connoiſſance que j'en ay eſt trop legere pour que j'en parle; il faut que je me borne à la Biere qu'on fait dans ce pays, & qui eſt noſtre boiſſon ordinaire.

Vous ſçavez, Monſieur, que la Biere en general eſt une boiſſon faite de quelque grain & de quel-

que autre ingredient pour la mieux
conferver & en relever le gout ;
cette boiffon enyvre comme le vin,
& plus dangereufement ; l'yvreffe
qu'elle caufe eft accablante, & dure
plus long-temps que celle du Vin,
à caufe que la Biere contient
beaucoup de parties plus groffieres,
plus vifqueufes & plus difficiles à
digerer que le Vin.

La Biere eft une des plus ancien-
nes boiffons de la terre , & la plus
répanduë dans le monde : on la
fubftitue au Vin prefque dans tous
les pays où l'on ne cultive point
la vigne , & l'on s'en fert communement pour la boiffon ordinaire.

Il y a une grande difference
entre la Biere que l'on boit aujourd'huy & celles des fiécles
paffez, qui ne fe faifoient qu'avec
de l'orge qu'on laiffoit macerer,

pourrir & fermenter dans l'eau sans coction & sans houblon.

C'étoit alors une boisson incontestablement mal saine : c'est de cette Biere, qu'il faut entendre le mal que quelques auteurs en disent, que c'est une boisson indigette, pesante, propre à embarrasser le sang dans son mouvement, & à luy fermer les passages en bouchant les vaisseaux.

La Biere se ressent des bonnes & des mauvaises qualités des matieres, dont elle est composée: cependant les differentes manieres de la travailler, les differentes preparations, qu'on donne à ces matieres avant que de les y employer, font que la Biere a des effets qu'on ne remarquent point dans ses ingrediens considerez séparement.

La meilleure Biere est celle

qui ne se fait qu'avec de l'orge &
des fleurs de houblon ; l'on prefere
l'orge de saison à celle de Mars:
l'on appelle orge de saison, celle
qu'on seme en Octobre. & orge
de Mars celle qui est semée dans
ce mois ou aux environs : l'on
dépoüille l'une & l'autre à peu
prés dans le même temps.

L'on fait tremper ce grain dans
l'eau jusqu'à ce qu'il enfle, c'est-
à-dire vingt-quatre heures ou environ ; pendant lequel temps, on
change quelquefois l'eau ; apres
quoy l'on tire cette eau , & on
laisse égoûter le grain , qu'on met
ensuite en motte pour le faire un
peu germer , & en developper in-
sensiblement les principes : Alors
on concentre dans ce même grain
ce commencement de germination
en le faisant secher.

Ce grain estant bien sec, on

le fait moudre & reduire en une
farine grossiere, qu'on met dans
une cuve, l'on verse par dessus une
quantité suffisante d'eau chaude,
ou deux tiers d'eau boüillante avec
un tiers d'eau froide, & l'on remue
le tout à force de bras avec cer-
tains instrumens de bois faits pour
cela : quand le tout a esté bien
mêlé ensemble & suffisamment
travaillé, l'on retire l'eau chargée
de la meilleure partie de la farine,
on la verse dans une chaudiere
pour la faire boüillir à gros boüillon, ayant soin de bien la remuer
jusqu'à ce qu'elle boüille, de
crainte qu'elle ne brûle : Cependant l'on jette de la nouvelle eau
chaude, ou boüillante comme cy-
dessus avec de l'eau froide sur la
farine restée dans la cuve, l'on
remue & l'on travaille de nouveau
ces matieres avec ces mêmes instru-
ments de bois façonné exprés
pour cet usage ; l'on retire l'eau

chargée comme la precedente a-
vec laquelle on la mêle dans la
chaudiere, les faifant boüillir l'une
avec l'autre enfemble, c'eft ce
qu'en termes de Bralleur l'on
appelle le mas.

Quand le tout a fuffifament
boüilli, & que ce mas eft bien
cuit, on éteint le feu, l'on verfe
ce mas dans la cuve, & on le fait
paffer au travers de la farine reftée
pour le depurer & le bien clarifier, & enfuite on le remet dans
la chaudiere, qu'on a bien propre-
ment nettoyée, & on le fait boüillir de nouveau.

Cependant l'on verfe dans la
cuve fur les matieres reftees de
la nouvelle eau chaude, qu'on a
foin d'avoir prête dans une autre
chaudiere ; on ne travaille plus
cette eau, on fe contente de la
laiffer fe charger du refte de la

ſubſtance du grain par une ſimple
infuſion ou digeſtion d'une demie
heure : Après quoy on la tire au
clair, c'eſt ce que nos Braſſeurs
appellent les pourſuites, & ils les
mettent dans la chaudiere boüillir
avec les autres preparations.

Alors la Biere eſt à peu prés
faite, il ne reſte qu'a la laiſſer bien
boüillir & cuire, en y adjoûtant
ſur la fin de la coction des fleurs
de houblon que les Braſſeurs laiſ-
ſent boüillir plus ou moins ſuivant
leur methode particuliere.

Ces preparations ayant ſuffiſament boüillies, l'on éteint le feu,
& on les reverſe dans la cuve d'où
on a ôté le marc du grain qu'on
appelle drague, & dont on l'a bien
nettoyée ; on la met encore dans
quelque autre vaiſſeau deſtiné à
cela, où on laiſſe le tout refroidir
juſqu'à un certain degrés de cha-

leur propre à y mettre de la le-
veure de Biere dans une quantité
proportionnée pour aider & ac-
celerer la fermentation, qui se fait
dans les tonneaux dans lesquels
l'on met la Biere pour la garder
une année entiere & quelquefois
plus.

Cette fermentation est un boüil-
lonnement considerable de la
Biere, jusques à sortir si abonda-
ment du tonneau par le trou de
son bondon, qu'on est obligé de
mettre un petit cuvier dessous, &
de le vuider plusieurs fois ; le len-
demain l'on rempli le tonneau qui
s'écume de nouveau par son bondon ; après quoy la Biere est
faite, mais elle n'est point encore
bonne ni bien potable étant trop
jeune.

Le temps de cette depuration
étant passé, l'on bouche le ton-

neau, & la Biere s'y perfectionne par une fermentation infenfible où les parties fpiritueufes fe developpent, & les groffieres font brifées, ce qui rend la Biere bonne, agréable & faine.

Il eft étonnant que la Biere étant une boifon fi commune, les auteurs qui en ont écrit ayent fi mal expliqué la methode de la faire: cependant Mr. Hecquet en a parlé jufte, en difant que rien ne l'a fi heureufement perfectionnée que la fleur de houblon, que par ce mélange, elle devient amere, aperitive, amie de l'eftomac & de tous les vifceres.

Un Medecin qui a tranfcrit cecy dans l'avis qu'il a donné fur la Biere, veut perfuader fur fa parole, fans en donner la moindre raifon, *Que celle dans laquelle on a jetté quelques pieds de veaux ou*

*de bœuf . . . . eft plus coulante &
plus facile à digerer.* Peut-on
croire cela d'une Biere chargée
des parties gluantes & visqueuses
de ces extremités ? Il sçait, & il
l'avoue dans son avis, *que les decoctions de viandes se corrompent
& s'aigriffent en trés-peu de temps.*
Ces Bieres preparées avec ces
pieds sont donc sujettes à cette
corruption ; aprés cela, on laisse
à juger si elles sont salutaires.

La saison dans laquelle la Biere
eft braflée contribue auffi à sa bon-
té ; l'on préfere la Biere de Février & de Mars à celle de toutes
autres saisons ; pour moy je crois
que celles qui sont faites dans le
mois de Novembre & de Decem-
bre, quand la saison eft favorable,
sont également bonnes, & même
meilleures quand il n'a point gelé
ni neigé.

Les Bieres faites avec les eaux

de glace ou de neige ne valent rien, non plus que celles qui font braſſées pendant les mois d'Eſté, & même ſur la fin du Printemps.

L'on ſe ſert dans ce pays de l'eau de riviere pour faire la Biere, & on la préfere à celles des puits & des fontaines, qui font trop rudes & trop dures.

La Biere qui n'eſt faite que d'orge, de bonne eau avec une juſte proportion de fleurs de houblon, bien travaillée, ſuffiſament cuite, ni trop recente, ni trop vieille eſt certainement ſaine.

La Biere qui eſt compoſée d'orge de Mars eſt également ſaine, même plus friande & plus agréable à boire ; mais elle ne ſe garde point ſi long-temps, ce qui fait qu'on préfere l'orge de ſaiſon à celle de Mars.

C'eſt une erreur de croire, que la Biere ainſi faite & travaillée ſoit une boiſon indigeſte & préjudiciable à la ſanté; que cette boiſon embaraſſe le ſang, l'épaiſliſſe, cauſe des obſtructions, donne des coliques, des vents, des fluxions, des maux de teſte, la galle & même la lepre.

Il eſt vray que quelques auteurs en parlent ainſi : mais cela ne doit s'entendre que des Bieres qui ſont faites par une ſimple maceration : dont j'ay parlé cy-deſſus: l'on peut auſſi le dire de certaines Bieres qu'on braſſe aujourd'huy dans cette ville dans leſquelles on y fait boüillir pendant leur cuiſſon des pieds de veaux, de bœufs, & même de la chaux vive , ce qui merite une attention particuliere du Juge de Police.

Quant à la Biere qui eſt travaillée & braſſée de la maniere

que je viens de m'en expliquer, &
qui n'eſt compoſée que d'orge, de
bonne eau & de fleurs de houblon,
c'eſt certainement une boiſſon ſalutaire, qui nourrit, engraiſſe, ra-
fraichit, qui tient le ventre libre,
pouſſe doucement par les urines,
& qui convient à preſque tous les
temperaments; elle chaſſe les cru-
dites qui ſont dans les premieres
voyes, tantôt en les fondant, de
maniere qu'elles ſe diſſipent en
forme de vent, & tantôt en les
purgeant par les ſelles, ce ſont les
bons effets du houblon qu'on y
mêle; l'on prétend que la vie de
l'homme ſeroit plus longue, s'il ne
beuvoit que de la Biere, en ſe
paſſant entierement de Vin : l'on
remarque que ceux qui ne ſe ſer-
vent point d'autre boiſſon ſont ordinairement grands, forts & bien
faits.

Une conformité de ſubſtance &
de

de principe, qui se rencontre entre la Biere & le pain, fait que
ces deux nourritures s'associent
mieux dans l'estomach, & qu'il
s'en fait une digestion plus parfaite;
il est incontestable que les particules de la Biere sont homogenes
avec celles du pain, elles le pene-
trent, elles le dissolvent aisement;
& comme il n'y a point de nourriture, qui simpatise mieux avec
toutes les autres que le pain; l'on
peut dire la même chose de la
Biere, qui est un pain liquide.

Il faut convenir, que la Biere
est une boisson trés-saine & de
bonne nourriture, qu'elle donne
de l'embonpoint, de la force, du
courage, prise avec moderation
& pour le besoin de la vie.

Ce qui rend la Biere moins
saine, c'est ou sa grande chaleur
ou sa grossiereté, qualité qu'elle a

B

selon qu'elle est ditteremebt travail
lée & faite, ou selon les differente
matieres qu'on employe pour l
faire : car si elle est beaucoup fer
mentée, elle acquiert une tenuit
de partie qui echauffe tout le corp
& qui blesse les nerfs & le cerveau
si elle n'est point assez fermentée
elle a une pesanteur & des partie
grossieres qui causent des obstruc
tions, & même des congestion
en s'embarassant dans les petit
conduits de nos corps, où peu à
peu il se fait un amas d'humeur
qui bien souvent dégenerent er
abscés.

Il ne faut pas croire que toutes
les bieres soient également bon
nes, la nature du grain celle d
climat, de l'eau, du houblon, les
differentes manieres de preparer
le grain, de travailler la Biere,
les raisons dans lesquelles on l'a fait,
& le temps qu'il fait pendant qu'on

la braſſe, qu'elle bout dans la chaudiere, qu'elle eſt dans la cuve, ou
qu'elle fermente dans les tonneaux
y produiſent beaucoup de difference.

Autant que la Biere eſt une
boiſſon ſalutaire quand elle eſt faite
de bonne orge, de bon houblon, de
bonne eau dans une juſte proportion bien braſſee & beuë dans ſa
maturité, autant eſt-elle dange-
reuſe & nuiſible quand elle eſt
ſophiſtiquée.

La Biere doit être choiſie, bien
cuite, bien épurée, ny trop jeune
ny trop vieille : la recente ou trop
nouvelle fermente dans l'eſtomach,
y cauſe des gonflemens & des
boüillonnemens qui nuiſent à la
ſanté : la trop vieille eſt rude,
mordicante ; & quelquefois agace
ſi violemment les fibres de l'eſtomach, qu'elle y cauſe des eroſions.

Ce qui arrive particulierement lorſqu'on boit de ces Bieres ſophiſtiquées dans leſquelles on a mêlé de la chaux vive pour luy donner plus de force, plus de couleur, ou de la ſuye au lieu de houblon : on y mêle encore pluſieurs autres ingrediens ſous pretexte de la rendre plus agréable ; mais toûjours au préjudice de la ſanté.

Je ne puis approuver la pratique de ceux qui ſe portant bien, mêlent dans leur Biere de l'abſinthe, de la veronique, de la ſcolopendre & du genévre, ou quelques autres drogues pour la rendre plus aperitive & plus deterſive, & en font une boiſſon ordinaire.

Comme c'eſt le propre des amers de diſſoudre, ie conviens que ces Bieres medicamenteuſes, même celle où on mêle de la ſuye pour luy donner une couleur brune &

une petite pointe d'amertume font
d'un grand fecours dans les coagu-
lations du fang, elles diffolvent les
humeurs trop vifqueufes, & par ce
moyen aident à la circulation des
fucs: mais il eft à craindre que par
un ufage trop frequent & continuel, elle ne refolve jufques à la
fubftance fibreufe du fang , après
avoir refout les fucs groffiers &
heterogenes,quife feroient trouvés
dans la maffe ; & ceux qui n'ont
point les humeurs groffieres & vifqueufes doivent entierement s'abf-
tenir de ces fortes de Biere.

Il eft encore à craindre que ces
Bieres, étant trop aperitives n'en-
trainent avec les urines les impu-
retés des premieres voyes & des
autres parties, & venant à les pouf-
fer trop violemment dans les reins,
n'y caufent des embarras ; ce qui
n'arrive que trop fouvent à ceux,
qui pour deboucher ces conduits,

donnent des aperitifs trop forts, qui en augmentent les obstructions, au lieu de les lever.

Toutes ces Bieres quoique très-bonnes dans certaines indispositions, ne doivent point servir de boisson ordinaire, & l'on ne doit les prendre, que sur l'avis d'un Medecin sage & experimenté.

Il est du bien public & de la conservation de tout le peuple, d'obliger les Brasseurs à ne faire entrer dans la composition de leur Biere que de l'eau, de l'orge & du houblon : une liqueur qui sert de boisson à tout le monde dans les lieux où il n'y a point de vin doit être religieusement faite ; mais l'avidité qu'on a de gagner de l'argent & de s'enrichir à quel prix que ce soit, fait que souvent on trahit son honneur & sa conscience pour un vil interest.

C'est ce qui arrive tous les jours
à nos Brasseurs, l'avidité du gain
leur fait mêler dans leurs Bieres
des choses très-préjudiciables à la
santé; ils y mêlent suivant leurs
idées, ce qu'ils croient pouvoir
mieux leur réüssir, & faire autho-
riser sous le nom de secret qu'ils
disent avoir pour faire de la bonne
Biere : ce pretexte specieux de secret est le manteau ordinaire dont
beaucoup de gens se servent pour
couvrir leurs friponneries.

L'on a poussé cette sophistique-
rie a un tel excés, qu'on a fait
passer pour de la Biere un certain
breuvage où il n'entre aucune
forte de grain ni du houblon : &
une personne digne de foy, que
je pourrois nommer, a dit, en
bonne compagnie où j'étois, d'en
avoir goûté & bû, & qu'il l'auroit
prise pour de la veritable Biere,
si on ne l'avoit pas asseuré du contraire.

Ceux qui ſçavent ce ſecret y réüiſſient encore mieux en y mettant une partie d'orge & quelque peu de houblon : c'eſt pour ſuppléer au defaut du grain, qu'en braſſant ils jettent dans leur chaudiere de la chaux vive où elle fond & bout avec les premieres preparations de la Biere ; & ils y en jettent une ſi grande quantité, que pour en temperer l'acrimonie, ils ſont obligez d'y mêler dans le têms qu'ils jugent convenable des pieds de bœufs & de veaux qu'ils ſont boüillir avec la Biere dans un ret pour en retirer à la fin les oſſements ; c'eſt-là mêler enſemble le poiſon & le contre poiſon. Il eſt certain que ces pieds boüillis dans la Biere ſont par leur viſcoſité un veritable remede à l'acrimonie de la chaux vive.

Voila la boiſſon dont on ſe ſert aujourd'huy dans noſtre Ville, c'eſt

un composé d'eau, d'orge, de
bled, de chaux vive, des pieds de
bœufs ou de veaux, & de houblon
ou d'aigremoine qu'ils mettent
quelquefois au lieu de houblon :
il ne faut pas estre Medecin pour
sçavoir que cette liqueur est très-
préjudiciable à la santé.

Vous sçavez , Monsieur, que la
chaux d'icy est une certaine pierre
blanche calcinee au feu sans inter-
ruption jusques à ce qu'elle en soit
entierement penetrée , quelques
uns attribuent ses vertus & ses qualités a des sels que le feu a deve-
loppé par la calcination : d'autres
aux atomes ignés qu'ils pretendent
s'être introduits en la place de
l'humidité que le feu a dessechée,
& y sont restés attaches ; ce sont
eux qui rendent (disent-ils) la
chaux corrosive , étant certain
que la pierre ne l'est point d'elle-
même.

Soit que la vertu de la chaux vienne d'une certaine union & liaiſon de quelques parties de cette pierre avec des particules ignées, ſoit que l'action du feu y ait developpe un ſel a demi ſpiritueux ou deux ſortes de ſels differens, l'un l'alkali & l'autre acide; il eſt toûjours inconteſtable que la chaux conſerve & garde des impreſſions du feu qu'elle a ſouffert.

Il eſt pareillement inconteſtable que la chaux eſt acre, mordicante, corroſive, & qu'elle communique ces qualités à l'eau dans laquelle on la fait fondre; par conſequent ces Bieres dans leſquelles en les travaillant & braſſant on met de ces pierres, ſe reſſentent de leurs mauvaiſes qualités qui les rendent très-males ſaines & abſolument contraires à nos corps.

Que l'on ne diſe point qu'il y a

des cas & des maladies où l'on fait
boire utilement l'eau de chaux, qui
precipitant les aigres & les acides
du sang l'adoucit beaucoup ; ce
qui contribue à la guerison des
ulceres ulterieures, & d'autres maladies.

Il est vray, je sçay qu'on la vante
pour la guerison du diabetes, à
cause qu'on pretend qu'elle é-
mousse les pointes des sels qui
dans cette maladie dissoudent la
masse du sang, desunissent ses parties, les fondent & les conver-
tissent en serosité.

C'est sur ce principe que Morton
la conseille dans la Phthisie pulmo-
naire ; & comme l'on pretend que
cette eau desseche beaucoup, il y
a des autheurs qui l'ordonnent dans
les hidropisies de poitrine : mais
tout cela ne conclud rien icy, ce
sont des cas particuliers & extra-

ordinairs, qui ne peuvent point
ſervir de regle pour la confeſtion
d'une boiſſon ordinaire : autrement
il feroit permis de mettre dans la
Biere en ſa faiſant, toutes & telles
drogues qu'on voudroit, puiſqu'il
n'y en a point qui ne ſe prenne inte-
rieurement dans des maladies par-
ticulieres juſques à l'arſenic , que
quelques-uns donnent pour febri-
fuge en la faiſant fondre dans de
l'eau.

Il eſt inconteſtable que la chaux
a des proprietés abſolument contraire à la nourriture de nos corps;
elle ruine & deprave ce qui y a de
ſuc doux, bon & propre à nourrir:
uſſi les Medecins la content parmy les poiſons.

Pluſieurs l'a comparent à l'arſenic , au ſublimé, aux mouches
cantarides ; la chaux cauſe des é-
roſions, des tranchées, une aridité

de la gorge & de la langue, une soif insatiable, une toux, une respiration difficile, des supressions d'urine & des dissenteries, non seulement pour en avoir pris par la bouche, mais aussi pour en avoir respiré la vapeur & l'odeur forte ; jusques-là qu'il faut se garder de boire un peu largement de ces Vins, qui viennent des endroits d'où la chaux vient, à cause que l'usage de ces vins ne cause pas seulement toutes les maladies de cy-dessus, mais aussi des Fiévres ardentes, des contractions des nerfs & des paralysies.

Ce qui provient des exhalaisons & des vapeurs de la chaux qui se repandant sur les vignes, impriment aux raisins leurs vices & leurs mauvaises qualitez, qui passent jusqu'au Vin. Par tout ce qu'on a dit cy-dessus de la chaux, il est aisé de concevoir, quels sont les mauvais effets qu'elle peut produire, & combien elle est contraire à la santé.

Les Particules de feu concentrées dans la chaux sont si considerables, qu'elles brulent les mains de ceux qui touchent ces pierres, lorsqu'au moyen d'un peu d'humidité ou d'eau qui brise les parties qui les tiennent enfermées, elles viennent à se developper, ce qui fait assez connoître les qualités caustiques de la chaux, & les mauvais effets qu'elle peut produire dans nos corps.

L'on doit juger de cela, combien il est dangereux de boire de ces Bieres, dans lesquelles en les travaillant, on met de la chaux; ces Bieres sont trés-nuisibles, elles irritent, enflamment, brûlent les parties: d'où ils arrivent des secheresses de bouche, des âpretés

de gosier , des douleurs d'estomach, une soif insatiable, à la fin
il semble qu'on a du mortier dans
la bouche. Ces Bieres causent encore des dysuries & des pissements
de sang, & peu à peu comme elles
augmentent la chaleur du corps,
elles en consument & dissipent la
substance, & abregent la vie. Il
ne faut point s'en étonner, ces
pierres dont l'on fait de la chaux
reçoivent pendant leur calcination
des impressions du feu qui leur
donnent des qualités qu'elles com-
muniquent aux liqueurs dans lesquelles on les dissout.

La chymie nous apprend, que si
l'on jette de la chaux vive dans une
urine recente, qu'au même instant il
s'éleve une vapeur qui frappe violemment le nez d'une maniere qui
semble être un coup de feu. Si
l'on serre vite & bien ce mélange,
l'on en tire par une distillation lente

une liqueur trés-claire d'une odeur de feu intolerable, & beaucoup plus acre, plus brulante, & d'une volatilité que l'on ne peut retenir, fi l'on a fait auparavant un peu épaiſlir l'urine.

L'on ne peut jamais tirer de fel de ces liqueurs & melez avec toutes fortes d'acides, il n'en arrive point d'éfervefcence ; cependant les acides affoibliſſent leur volatilité & leurs forces cauftiques.

Il faut dans l'operation de ce mélange étre circonfpect & prudent : car au moment que la chaux eft mélée avec l'urine, il s'en fait une ébullition très-grande & une chaleur extrême, d'où un efprit très-acre & très-volatile s'exhale au mefme inftant, & attaque les poulmons de ceux qui ne s'en mefient point, y caufe une inflammation & au fang : fi ces efprits s'attachent

chent à la peau toute dure qu'elle
eſt, ils y cauſent une gangrene
mortelle. Pour le peu que cet eſprit ſoit expoſé à l'air, ſa volatilité & l'acre ſe diſſipe, ce qui fait
voir combien il eſt ſubtil.

L'on doit juger de tout cecy,
quels effets les particules de la
chaux peuvent produire eſtant mê-
lez avec les humeurs ſalines &
urineuſes de noſtre corps, aidez
de la chaleur naturelle, elles en-
gendreront de pareils eſprits de
feu, qui feront d'autant plus dangereux, ſi le corps ſe rencontre
d'un temperament chaux & ſec,
& les humeurs fort fluides : il peut
naiſtre d'une liqueur ſaine un acre
très-acre, qui ne ſoit, ni ſel, ni
eſprit, ni huile.

· Voila qui fait voir combien ce
melange de la chaux dans la Biere
eſt dangereux ; la ſeroſité de noſtre

ſang eſt tellement analogue avec
noſtre urine, qu'on peut dire qu'elles ſont d'une même nature.

L'uſage que l'on fait de la chaux
pour la gueriſon des maladies dont
nous avons parlé cy-deſſus, prouve
combien il doit être dangereux
dans une boiſſon ordinaire : ſi l'eau
de chaux eſt capable de conſolider
les ulceres du poulmon dans la
Phthiſie, de donner de la liaiſon au
ſang, & d'en empêcher la diſſolution dans le diabètes, de deſſécher les
eaux dans l'hydropiſie de poitrine.
Que n'en doivent point apprehender ceux, qui ne ſont dans l'un ni
dans l'autre de ces cas? qui au
contraire ont la poitrine trop ſeche,
& le ſang trop épais & trop lié.

D'où l'on peut conclure, que la
chaux dans la Biere eſt un poiſon
lent, qui détruit inſenſiblement le
ſorps de l'homme ; auſſi voyons-

nous, que ces fortes de Bieres font groffieres, épaiffes, d'un roug brun louche ; au lieu que la bonne Biere eft claire, tranfparente, legere, d'une couleur citronée tirante fur l'oranger.

Voila, Monfieur, ce que je penfe de vos Bieres où l'on fait entrer de la chaux en la travaillant. Quant aux pieds de bœufs & de veaux qu'on y met, ils font auffi contraires à la fanté.

C'eft une charlatanerie de dire, que c'eft pour la rendre claire; jufques-là que quelques Braffeurs ont ofé foûtenir, que fans cela, ils ne peuvent avoir leur Biere telle.

Si cela eft vray, c'eft qu'ils ne fçavent point leur metier, dans les lieux où l'on ne met point de pied de bœufs ni de veaux dans la Biere, elle eſt bien claire, bien legere, d'une couleur orangere, & paſſe fort facilement.

C'eſt un principe certain, que la Biere pour être bonne & ſaine doit être claire, legere, bien coulante, faite de bonne eau, de bon grain bien preparé & de fleurs de houblon, ſans y mettre aucun autre ingredient.

Comme celle où l'on met pendant ſa cuiſon des pieds de bœufs & de veaux, ne ſçauroit avoir ces qualités, elle ne peut par conſequent être bonne ni ſaine ; au contraire, elle eſt groſſiere, terreſtre, & les particules des pieds de veaux & de bœufs étant limoneuſes & peſantes, embarraſſent le ſang & les autres humeurs par leur groſſiereté ; enſorte que cette Biere ſe digere difficilement, ne paſſe qu'avec peine, engendre des colles, des crudités, des viscosités & des glaires.

De quelque maniere que l'on dise que la digestion se fasse, soit par la fermentation, la trituration ou autrement ; il est toûjours vray de dire, que plus les alimens sont grossiers & pesants, plus ils se digerent difficilement par leur trop grande resistance à l'agent & à l'action qui doit les digerer ; d'où naît un chyle crud indigeste, dont les défauts ne peuvent être corrigés par la seconde digestion, ce qui fait que ce chyle n'est nullement une matiere propre à produire un bon sang & les autres humeurs necessaires à la vie de l'homme ; c'est mal raisonner que de dire, que *Tout ce qui est fade, visqueux & gluant n'est point* communement parlant *pernicieux à la santé.*

Quoy qu'il y ait des maladies où

les chofes vifqueufes conviennent,
cela n'empêche point que ce ne
foit un veritable paradoxe,& même
une héréfie en medecine, d'avancer que les chofes mucilagineufes
font préferables à toute autre chofe
pour la guerifon des maladies, *qu'on
attribue ordinairement aux vifcofités & aux glaires*, & où les humeurs doivent être renduës coulantes & fluides par des diffolvants
& des delayants convenables.

Je conviens, Monfieur, que les
maladies qu'on attribue aux glaires
font moins frequentes parmy le
commun peuple, & les journaliers,
qui vivent groffierement que parmy les gens d'un autre état, qui fe
nourriffent delicatement. Peut-on
pour cela penfer que les aliments
groffiers & vifqueux font plus fa-
lutaires , & qu'ils engendrent
moins de glaires? Non, fi ces ouvriers font moins fujets aux glaires

que ceux qui vivent & se nour-
rissent de viandes delicates, c'est
que leurs exercices continuels,
leurs peines & leurs travaux
broyent, digerent ces aliments &
consument leurs humeurs ; cela est
si vray, que si les paysans, les Sol-
dats étoient nourris de viandes
delicates, comme certaines per-
sonnes le font, leur corps en se-
roient beaucoup moins robuste, &
deviendroit incapable de soûtenir
les fatigues de leur état.

Il est incontestable, que la Biere
chargée des parties glaireuses des
pieds de bœufs & de veaux est
épaisse, pesante, grossiere, tardive
à se clarifier, par consequent difficile à digerer & contraire à l'estomach : cette Biere par ses viscosités
embarrasse les parties solides, ôte
aux fibres leur souplesse & tension
naturelle, les rend roides & inflexi-
bles, empêche la filtration des li-

queurs en bouchant les pores des couloirs , occafionne des pefanteurs dans les membres, fait naiftre des congeftions dans les differentes parties du corps.

Je fçay bien que l'on fe fert de decoction de pieds de veaux , de mouton, de colle de poiffon pour clarifier la Biere, l'on met un demy pot ou environ de cette decoction fur une tonne de Biere après qu'elle a été entonnée de quelques jours, & même de quelques femaines, ce qui eft bien different des pieds de bœufs & de veaux qu'on fait boüillir avec la Biere pendant toute fa cuifon; car alors la fubftance vifqueufe de ces pieds par la coction s'eft unie fi étroitement avec les particules de la Biere, qu'elle ne s'en fepare que trésdifficilement, au lieu que la decoction qu'on jette dans un tonneau n'étant nullement analogue

ni unie avec la Biere, qui y eſt;
mais plus peſante qu'elle, ſe precipite au fond, & entraine avec ſoy
les parties les plus groſſieres de
cette Biere.

Une pareille Clarification qui
ſe fait ſans fermentation par la
ſeule precipitation des parties
groſſieres diminue & amoindri de
beaucoup la Biere ; au lieu que
celle qui ſe fait lentement par la
fermentation l'ameliore à cauſe
que les parties ſpiritueuſes ſe developpent par cette fermentation
lente & ſourde ; & les parties ter-
reſtres & groſſieres y ſont briſées
& ſubtiliſées par un mouvement
interieur, qui change ces parties,
& les rend d'une autre nature
qu'elles eſtoient auparavant ; les
parties de la Biere ayant été miſes
dans un mouvement conſiderable,
par le levain qu'on y a mêlé, rare-
fient & diſſolvent autant qu'elles le

peuvent celles qui s'oppofent à leur mouvement, & les brifent en les hurtant : mais comme les parties de la Biere font alors fort groffieres, il s'y rencontre beaucoup de refiftance.

Ce qui eft la caufe qu'il ne s'y fait qu'une diffolution affez legere, & qu'un briffement des parties les plus groffieres avec affez de peine, lequel ne clarifie point la Biere, & qui n'eft pour ainfi dire qu'une difpofition pour une autre fermentation infenfible, qui fe fait dans les tonnes, où les parties les plus volatiles faifant un continuel effort, par leur mouvement inné pour fe détàcher des parties groffieres & rameufes, qui les tiennent comme liées & enchainées, à la fin brifent les unes infenfiblement, & écartent les autres, qui par leur propre poid fe precipitent au fond, d'où vient la lie de la Biere.

Bien loin que les pieds de bœufs & de veaux qu'on fait aujourd'huy entrer dans la compofition de la Biere, en facilitent la depuration & la clarification , ils y font au contraire un empêchement, en ce que par la cuite de la Biere, en y mettant des pieds de bœufs & de veaux , toutes les parties qui s'en détâchent, fe repandent dans la Biere, & contractent avec celles du grain qui y font & qui la compofent un rapport fi grand & une proportion telle, qu'il s'y rencontre une union & une liaifon trés - étroite & trés-ferrée entre fes molecules ; enforte qu'elles ne fe brifent à la fin que par une longue fermentation, quoy qu'infenfible, & même quelquefois par un excés de corruption.

Ces Bieres ne fe clarifieroient jamais autrement que par corruption, fi quelques principes de la chaux qu'on a fait entrer dans leur compofition ne s'y rencontroient point : ces principes par leur activité brifent , rompent l'enchainement prefque indiffoluble des mollecules & des autres parties qui compofent ce corps vifqueux. Enfin , pour m'expliquer en peu de mot, je vous dis, Monfieur, & c'eft la verité, que la Biere où on a mis de la chaux vive en la travaillant , eft un poifon lent qui détruit infenfiblement le principe de la vie.

Cette Biere quoy que chargée de la vifcofité des pieds de bœufs & de veaux, porte avec elle un principe lapidifique, qui venant à fe développer dans l'eftomach, ou dans quelques autres parties du corps, y occafionne la gravelle ou la goute noüée , & fouvent l'un & l'autre tout enfemble ; & outre cela, toutes les autres maladies que nous avons marquées cy-deffus,

La Biere où l'on n'a mit que des pieds de bœufs & de veaux pendant fa cuiſſon , engendre des crudités , des glaires , cauſe des embarras dans les viſceres & ailleurs ; par où l'on voit , que la ſanté de l'homme a tout à craindre d'une pareille liqueur pour ſa boiſſon ordinaire. Il eſt étonnant , qu'il ſe trouve des plumes capables de ſoûtenir , que ces Bieres dans leſquelles pendant leur cuiſſon on a jetté quelques pieds de veaux & de bœufs, en ſont plus ſalutaires.

L'on ſe fonde ſur ce qu'on prétend que les racines mucilagineuſes, les limaçons, les extremites des animaux & les gélées ſont preferables à tant d'autres remedes contre les maladies qu'on attribue ordinairement aux viſcoſitez & aux glaires.

Je ne crois pas qu'un trouve un

feul Medecin qui fut de ce fenti-
ment ; & l'on pourroit en toute
feureté defier l'auteur de cette pro-
pofition, de declarer une de ces
maladies où pareils remedes conviennent, auffi fe garde- t'il bien
d'en nommer : D'ailleurs, il y a
une grande difference entre les
remedes mucilagineux, tels que la
racine de Guimauve, la femence
de lin, &c. & les pieds de bœufs
& de veaux.

L'on pofe encore pour principe, que ces Bieres en font plus
coulantes & plus faciles à digerer;
mais ce font des paradoxes qu'on
ne devroit point avancer.

Tout le monde fçait, que les
pieds de veaux, que les pieds de
bœufs rendent un glu & font un
boüillon, qui eft une efpece de
colle, & l'on fe fert même de pieds
de bœufs pour faire la colle forte;

Peut-on pretendre qu'une Biere chargée de ces parties tenaces & gluantes soit coulante & facile à digerer?

Nous avons suffisamment fait voir cy-dessus le contraire; & comme le chyle & le sang participent de la nature des aliments dont l'animal est nourris, il est incontestable que ces Bieres ne produisent qu'un chyle crud, indegeste, grossier & un sang gluant, visqueux tenace.

Lorsque dans quelques maladies l'on est obligé d'épaissir le sang d'un malade, on luy fait prendre pour nourriture ces sortes d'aliments; & l'experience nous a apprit, que leur usage rend le sang plus fibreux, plus épais, plus pesant à circuler, & en corrige la trop grande dissolution; ce qui doit faire connoître combien ces aliments

font préjudiciables à la fanté de
ceux dont le fang, n'eft ni trop
actif, ni trop vif, ni trop acre,
mais d'une jufte temperature, &
même le plus fouvent trop groffiers; ce qu'on puit dire être na-
turel aux gens de ce pays où la
Biere eft la boiffon ordinaire.

A peine ces Bieres conviennent-
elles aux ouvriers & aux gens de
fatigue : elles leur feroient égalle-
ment contraires, s'ils en faifoient
leur boiffon ordinaire ; mais ils en
boivent affez rarement, ne beu-
vant ordinairement que de l'eau
qui eft un grand diffolvant & le
veritable correctif de ces Bieres.

D'ailleurs, ces fortes de gens
font accoûtumée à fe nourrir d'a-
liments groffiers maffifs & terref-
tres, dont la digeftion ne pourroit
fe faire, fi leur vie n'étoit point
autant laborieufe & accompagnée
de

de peine & de fatigue qu'elle
l'eſt.

Leur exercice & leur travail aident à leur digeſtion, facilitent le
broyement du chyle & du ſang;
ces gens ont beſoin d'une pareille
nourriture qui puiſſent reſiſter à la
force de leurs organes, ſoûtenir
leur corps, en empêchant par leur
tenacité la conſomption & la diſſi-
pation de leur ſubſtance, autant
que cette nourriture peut convenir aux gens dont l'occupation &
la profeſſion eſt une exercice continuel de leur corps à travailler
toute la journée, autant eſt elle
contraire à ceux dont les occupa-
tions demandent plus d'eſprit que
de force de corps.

Il eſt certain que ces Bieres travaillées avec des pieds de bœufs
ou de veaux ſont contraires & trés-
préjudiciables à la ſanté de ces

D

derniers, & même bien souvent à celles des journaliers, gens de fatigue & de travail; mais la Biere où il n'entre que de l'orge & du houblon bien faite avec de la bonne eau & prise suivant le besoin qu'on en a, est toûjours salutaire aux uns & aux autres; & défiez vous toûjours de ces Bieres qui sont fortes en couleur d'un roug brun, il faut leur préferer celles qui sont citronées tirant sur l'orangere, telles en un mot qu'étoient celles qu'on disoit braslées aux petits outieux, pour me servir des termes du pays, lesquelles ne differoient des autres qu'en ce qu'en l'une, on met de la chaux, des pieds de bœufs & de veaux, & en l'autre rien de tout cela.

Comme la Biere est la boisson ordinaire de ce pays, l'on peut dire & soûtenir, que celles qui sont braslées avec des pieds

de bœufs & de veaux font communement parlant trés-préjudi-
ciables à la fanté : il eft incontefta-
ble que ces Bieres engendrent un
fang groffier, vifqueux & gluant,
plus ou moins fuivant les differens
temperamens & préjudiciables à
l'un plus qu'a l'autre, fuivant cette
même diverfité & leur differentes
profeffions.

Voila la fource & l'origine de
la plufpart de nos maladies, il y en
a fort peu dont la caufe mediate
ou immediate ne vienne de ce dé-
faut du fang ; c'eft fuivant cette
idée, qu'on voit des Medecins
ne connoiftre & ne pratiquer
prefque d'autre remede dans la
curation des maladies que la faig-
née.

Sans parler des maladies & du
derangement de l'eftomach & des
inteftins, qui arrivent de l'ufage

de ces Bieres. Ne voyons-nous pas tous les jours la viſcoſité du ſang, empêcher les ſecretions, faire des obſtructions dans les vaiſſeaux, produire des concretions & des congeſtions; d'où il arrive des tumeurs, des inflammations, des fiévres & mille autres maladies qui viennent de ces principes.

Rien de cela n'arriveroit, ſi ces Bieres n'étoient faites que d'orge, de fleurs de houblon & de bonne eau bien travaillées; ces Bieres ſont ſalutaires en tout temps & à toutes ſortes de perſonnes, quand on en uſe que pour le beſoin de la vie, & qu'elles ne ſont ni trop jeunes ni trop vieilles.

La Biere recente & trop nouvelle contient beaucoup de parties groſſieres & viſqueuſes, qui n'ont point été ſuffiſamment attenuées & briſées par la fermentation; &

qui venantes à être rarefiées dans
l'eſtomach par la chaleur naturelle,
y cauſent des vents qui gonflent &
dilatent cette partie, y font reſſen-
tir de la douleur par la trop grande
tenſion & écartement de ſes fibres.

Ou elle excite des ardeurs d'u-
rine, à cauſe que ſon ſel, qui n'a
point eſté ſuffiſamment rarefié ni
exalté par la fermentation, eſt re-
pandu dans toute ſa force parmi
toute l'habitude du corps, d'où il
ſe precipite en partie avec l'urine;
& paſſant par ſes conduits, en ir-
rite & picote les fibres.

La Biere trop vieille, eſt rude,
mordicante, à cauſe que les parties
ſpiritueuſes & ſulphureuſes, qui en
bridoient les ſels ſont exaltées &
diſſipées; alors les ſels prennent le
deſſus, abſorbent le peu d'eſprit
qui y reſtent, rendent la Biere aigre;
en cette ſorte qu'étant beuë, elle

agace si violemment les fibres de l'estomach, que quelquefois elle y cause des erosions.

Voila, Monsieur, tout ce que je puis vous dire de la Biere; j'avoüe que c'est trop peu de choses, pour que vous en soyez satisfait ; j'ay fait ce que j'ay pû pour vous contenter ; j'espere que vous voudrez bien me tenir compte de ma bonne volonté & du desir que j'ay eu de vous satisfaire, en vous écrivant cette lettre : pour vous en donner, Monsieur, de plus fortes preuves, j'y joins l'avis qu'un autre Medecin a aussi donné sur la Biere, mais qui pense tout autrement que moy ; vous l'examinerez, & vous jugerez, Monsieur, s'il merite l'éloge que son auteur luy donne, d'être fondé sur des raisons si évidentes & des principes si solides, qu'il defie qui que ce soit de pouvoir le contredire; adjoûtant que cet avis a fait l'admiration du Parlement de Flandres dans la lecture du procés où il a été fervis, & que tous les Confeillers en ont pris des copies.

Il eſt certain pourtant, que cet avis n'a point été vû en ce Parlement, même le procès auquel il devoit être joint, n'y a point été porté ; il eſt reſté indecis au Confeil Provincial de cette Ville, fans avoir éte fourni ; Je fuis,

AVIS

AVIS

Du Sr. *fur la Biere.*

N. confulté &
fupplié de donner fon avis tou-
chant la compofition des Bieres ;
fi quelques pieds de veaux ou de
bœufs qu'on y jette pendant leur
cuiffon, engendrent des vifcofités
& des glaires, fi la fanté de l'homme
a quelque chofe à craindre de cette
boiffon ordinaire, dit.

Premierement, rien n'a fi heureufement perfectionné la Biere
que les fleurs de houblon ; par ce
melange, elle devient amere, aperitive, amie de l'eftomach & de
tous les vifceres.

Secondement, tout ce qui est fade, visqueux & gluant n'est point pernicieux à la santé, veu que la medecine ordonne les choses les plus visqueuses pour les maladies les plus opiniatres ; car de quoy de plus gluant que les racines mucilagineuses & les limaçons, que les extremités des animaux & les gelées, que l'observation fait préferer à tant d'autres remedes contre les maladies, qu'on attribue ordinairement aux viscositez & aux glaires.

Troisiémement, par la digestion des aliments sont mis en état de circuler avec le sang & s'incorporer aux parties qui ont à se nourrir; la Biere (dans laquelle pendant la cuisson on a jetté quelques pieds de veaux ou de bœufs) contient rien de contraire, sa convenance avec les parties qui ont à se reparer est toute naturelle, moins feculente, plûtôt clarifiée, plus deli-

cieuſe, plus coulante, & auſſi plus
facile à digerer ; tellement que les
accuſations dont on la charge d'em-
baraſſer le ſang, d'engendrer des
colles, des crudités, des viſcoſités
& des glaires ſont folles & imagi-
naires ; en effet, les maladies qu'on
attribue ordinairement aux glaires,
ſont moins frequentes parmy les
petits bourgeois, les payſans & les
chartiers, eux qui de tous les hommes vivent plus groſſierement, qui
ſe rempliſſent tous les jours de pluſieurs ſortes de Bieres.

Clarifiée par des ingrediens, qui
peut-être n'ont point la convenance dont nous venons de parler,
ils ſont dit-on rarement ſujets aux
crudités. Par exemple, aux rots,
aux vomiſſemens & aux coliques,
tandis que ceux qui font melieure
chere, & qui boivent le bon vin
en ſont frequemment tourmenté ;
en un mot, les corps ſecs & é-

chauffés font plus de ferofité que les autres; le trop frequent ufage du vin, eft la caufe la plus frequente des maux d'eftomach, des crudités & des glaires; & la Biere de laquelle il s'agit, les guerit par l'adjonction de quelques pieds de veaux; la Biere devient plus onctieufe, moins agaçante, & par confequent plus amie de l'eftomach; elle conferve aux parties folides aux fibres leur foupleffe & tention naturelle fi neceffaire pour la circulation & filtration de liqueurs, en quoy principalement confifte la vie des hommes; elle donne moins d'ardeurs d'urine, échauffe moins les reins, & groffit moins la pierre en ceux qui l'ont, tellement qu'on ofe avancer.

Que la vie de l'homme en feroit plus longue, fi compofée feulement d'orges & de fleurs de houblon (en y jettant pendant la cuiffon

quelques pieds de veaux) elle leur
servoit de boisson ordinaire ; c'est
un fait connu que les decoctions
de viandes se corrompent & s'ai-
grissent en trés-peu de temps,
principalement en Eté, aussi ce
temps n'est point propre pour
brasser. Le reproche qu'on feroit
à cette Biere de se corrompre &
s'aigrir plus facilement, est plus
grave en apparence, & n'est pas
mieux fondé ; si l'on y fait attention, l'on decouvrira à un analo-
gie évidemment faux.

Tellement que le susdit Medecin consulté, tient pour certain, &
est d'avis que la Biere pendant sa
cuisson de laquelle on a jetté quelques pieds de veaux ou de bœufs,
n'engendre ni crudités, ni glaires,
qu'elle est plus salutaire ; & par
consequent, que la santé de l'homme n'a rien à craindre de cette

boisson ordinaire. Avisé & consulté, &c.

APPROBATION

Du Censeur Royal.

JE soussigné NICOLAS ANDRY, Docteur, Regent de la Faculté de Medecine de Paris, Lecteur & Professeur Royal en Medecine, ay leu, par ordre de Monseigneur le · Garde des Sceaux, ce manuscrit intitulé *Lettre sur la Biere*, & numeroté 2116. dans lequel je n'ay rien trouvé qui en puisse empêcher l'Impression. Fait à Paris ce 30. Juin 1734.

ANDRY.

PERMISSION DU ROY.

LOUIS PAR LA GRACE DE DIEU, Roy de France & de Navarre; A nos amez & feaux Conseillers, les gens tenans nos cours de Parlement, Maiſtres des Requêtes ordinaires de nôtre Hôtel, Grand Conſeil, Prévôt de Paris, Baillifs, Seneſchaux, leurs Lieutenants civils & autres nos Juſticiers qu'il appartiendra, SALUT. Nôtre bien Amé GABRIEL HENRY, Libraire à Valenciennes, Nous ayant fait ſupplier de luy accorder nos Lettres de permiſſion pour l'impreſſion d'une *Lettre ſur la Biere*; offrant pour cet effet de la faire imprimer en bon papier & beaux caracteres ſuivant la feüille imprimée & attachée pour modele ſous le contreſcel des préſentes; Nous luy avons permis & permettons par ces préſentes, de faire imprimer ledit livre cy-deſſus ſpecifié conjointement ou ſeparement & autant de fois que bon luy ſemblera & de le vendre, faire vendre & debiter par tout nôtre Royaume pendant le temps de *trois années* conſecutives, à compter du jour de la datte deſdites préſentes; faiſons deffenſes à tous Libraires, Imprimeurs & autres perſonnes de quel-

que qualité & condition qu'elles foient ;
d'en introduire d'Impreſſion étrangere
dans aucun lieu de nôtre obéïſſance ; à
la charge que ces preſentes feront en-
regiſtrées tout au long ſur le Regiſtre de
la Communauté des Libraires & Imprimeurs de Paris dans trois mois de la date
d'icelles ; Que l'Impreſſion de ce Livre
fera faite dans nôtre Royaume & non
ailleurs ; Et que l'Impetrant ſe confor-
mera en tout aux Reglemens de la Li-
brairie, & notamment à celuy du dix
Avril 1725. & qu'avant que de l'ex-
poſer en vente, le manuſcrit ou impri-
mé qui aura ſervi de copie à l'Impreſſion
dudit Livre ſera remis dans le même état
où l'Aprobation y aura été donnée ·és
mains de nôtre trés-cher & féal Che-
valier Garde des Sceaux de France le
Sieur Chauvelin ; & qu'il en ſera en-
ſuite remis deux exemplaires dans nôtre
Bibliotheque publique, un dans celle de
nôtre Château du Louvre , & un dans
celle de nôtre trés-cher & féal Cheva-
lier Garde des Sceaux de France le
Sieur Chauvelin , le tout à peine de
nullité des préſentes. Du contenu deſ-
quelles vous mandons & enjoignons de
faire joüir l'Expoſant ou les ayans cauſe

pleinement & paiſiblement, ſans ſouffrir
qu'il leur ſoit fait aucun trouble ou
empeſchemens; Voulons qu'à la copie
deſdites préſentes qui ſera imprimée tout
au long au commencement ou à la fin
dudit livre, foy ſoit ajoûtée comme à l'o-
riginal; Commandons au premier nôtre
Huiſſier ou Sergent de faire pour l'exe-
cution d'icelles, tous actes requis &
neceſſaires ſans demander autre permiſſion, & nonobſtant clameur de Haro,
Chartre Normande & Lettres à ce contraires: CAR TEL EST NOSTRE
PLAISIR. Donnée à Verſailles le
ſeiziéme jour de Juillet, l'an de grace
mil ſept cens trente-quatre, & de nôtre
Regne le dix-neuviéme. Par le Roy
en ſon Conſeil, *ſignée* SANSON. Et
ſcellée en cire jaune.

REGISTRE' ſur le Regiſtre VIII.
de la Chambre Royale des Libraires &
Imprimeurs de Paris No. 743. fol. 740.
conformément aux anciens Reglemens con-
firmés par celuy du 28. Février 1723.
A Paris le 7. Aouſt 1734.

G. MARTIN Syndic.

Les Exemplaires ont été fournis.